EXTRAIT

DU

PROCÈS-VERBAL

DE LA

SÉANCE DU CONSEIL GÉNÉRAL DU SÉNÉGAL

DU 4 DÉCEMBRE 1879

BORDEAUX

IMPRIMERIE BORDELAISE J. LAMARQUE

43 — Rue Porte-Dijeaux — 43

—

1880

EXTRAIT

DU

PROCÈS-VERBAL

DE LA

SÉANCE DU CONSEIL GÉNÉRAL DU SÉNÉGAL

DU 4 DÉCEMBRE 1879

BORDEAUX

IMPRIMERIE BORDELAISE J. LAMARQUE

43 — Rue Porte-Dijeaux — 43

1880

EXTRAIT DU PROCÈS-VERBAL

DE LA

SÉANCE DU CONSEIL GÉNÉRAL DU SÉNÉGAL

Du 4 Décembre 1879

Le Conseil général s'est réuni le 4 décembre 1879, à trois heures du soir, dans le lieu ordinaire de ses délibérations.

Sont présents :

MM. L. Descemet, Président;
P. Sicamois, Vice-Président;
Cros,
Aumont, } Secrétaires;
Ch. de Montfort;
De Bourmeister;
Jean;
L. d'Erneville;

MM. Ch. Valantin;
Molinet;
Bacre-Waly;
D. Dupuy;
R. Martin;
J. Béziat;
Delor.

Absent : M. Guiraud, en congé.

M. le Chef du service de l'intérieur occupe le banc de l'Administration.

M. le Président. — Je vais donner communication au Conseil des propositions et des vœux qui ont été déposés sur le bureau dans l'ordre suivant :

. . . .

. . . .

M. le Président. — La parole est à M. le Rapporteur de la Commission chargée d'examiner la question relative à l'application du décret du 19 juillet 1877 sur le régime des guinées.

M. le Chef du service de l'intérieur, indisposé, étant obligé de se retirer, confie à M. le Chef du service des douanes le soin de représenter l'Administration dans la discussion de la question.

M. MARTIN, rapporteur :

MESSIEURS LES CONSEILLERS GÉNÉRAUX,

Le 21 août 1877 *paraissait*, dans le *Moniteur officiel* de la colonie, un arrêté portant promulgation d'un décret, en date du 19 juillet précédent, *modifiant le régime économique de notre établissement du Sénégal.*

Ce décret, dû à l'initiative de **M.** *Benoist-d'Azy, directeur des colonies, et rendu sur le rapport collectif de trois membres du cabinet du 16 Mai, frappe d'une surtaxe de 1 fr. 20 c. par pièce de 15 mètres, à leur introduction à Saint-Louis toutes les guinées fabriquées ailleurs qu'en France ou dans l'Inde française.*

Jusqu'à cette époque, les marchandises importées au Sénégal n'étaient soumises à aucune différence de traitement à raison de leur provenance ; la mesure imaginée par le gouvernement métropolitain venait donc rompre violemment avec les principes libéraux qui avaient toujours régi la législation douanière de la colonie, et vous, Messieurs les Conseillers généraux, qui savez *que la guinée est l'élément principal, la base de nos transactions au Sénégal, vous comprenez toute la portée de cette innovation.*

Quels motifs d'intérêt général avaient dicté au Ministère *sa détermination et quelles raisons l'avaient empêché notamment de reculer devant le trouble prévu et signalé d'avance, que devait apporter dans le commerce de la colonie le bouleversement du tarif des guinées ?*

Le décret est muet sur ces points. Aucuns considérants, et le Rapport des ministres de la marine et des colonies, des finances, de l'agriculture et du commerce, *qui l'a précédé et qui aurait pu nous éclairer sur les véritables intentions de ses auteurs, n'a pas été publié dans la feuille officielle.*

Était-ce dans un but fiscal ? L'Administration du Sénégal éprouvait-elle le *besoin de créer de nouvelles ressources à son budget ? Évidemment non,* car, dans ce cas, elle aurait simplement élevé, *dans la proportion nécessaire, la quotité du droit* uniforme *existant* sur les marchandises introduites dans la colonie.

Le Ministère avait-il en vue la *protection générale du travail national ?*

Pas davantage. La France importe au Sénégal bien d'autres articles que des guinées, et si l'on avait voulu venir en aide à la production française, c'est la presque totalité des marchandises que nous recevons au Sénégal qu'il aurait fallu protéger *contre la concurrence étrangère.*

Était-ce au moins dans un but de protection particulière d'une industrie en souffrance ? Voulait-on, *par exemple, relever la fabrication de Rouen ?*

Loin de là, puisque, par suite des dispositions *du décret,* les toiles de Rouen se trouvent fatalement exclues de notre marché, et que *depuis que le nouveau tarif est en vigueur, les essais persévérants des manufacturiers de Rouen n'ont abouti qu'à leur démontrer l'impossibilité d'établir une guinée pouvant prendre place sur le marché du Sénégal, à côté de celle de Pondichéry.*

Vous allez comprendre pourquoi.

L'arrêté présidentiel stipule que toutes les guinées de provenance étrangère payeront en entrant à Saint-Louis un droit de 1 fr. 80 c. par pièce, et celles fabriquées en France ou dans les établissements français de l'Inde, un droit de 60 c. seulement, soit au profit de ces dernières une différence de 1 fr. 20 c., mais *à la condition qu'elles pèsent au moins 1 kil. 800 gr.*

Or, Messieurs, *la guinée fabriquée non-seulement à Rouen, mais encore en Angleterre et en Belgique, est, à poids égal, très supérieure en qualité, en tissu aussi bien qu'en teinture, à celle manufacturée dans l'Inde, à tel point que la guinée belge (1 kil. 650) qu'on peut assimiler comme qualité à celle de Rouen, est acceptée par les consommateurs du Sénégal à 1 fr. en moyenne au-dessus de la pièce indienne de 1 kil. 800 gr.*

Vous voyez *immédiatement alors qu'en obligeant les filateurs rouennais à ne produire que ce dernier poids, alors que leur guinée serait encore préférée à celle de Pondichéry, même avec 150 gr. de moins, le décret les a contraints à en offrir une sorte qui dépasse les besoins de ses consommateurs, et par conséquent à élever inutilement leur prix de revient.*

Il est dès lors constant que ce n'était ni dans un but fiscal, ni dans un but de protection générale du travail national, pas plus que dans celui de relever la fabrication de Rouen, *qu'on grevait d'un droit exorbitant, les guinées belges et anglaises introduites au Sénégal,* et que le décret du 19 juillet n'avait en vue que de protéger les filatures de l'Inde. Quand j'aurai donné lecture au Conseil de la lettre que le sénateur de l'Inde, M. le comte Desbassyns de Richemont adressait, dès le mois de mai 1876, à M. le Ministre de la marine et des colonies, vous serez convaincus, comme votre Commission, que le décret qui nous occupe ne poursuivait pas d'autre but.

Lettre de M. le comte Desbassyns de Richemont.

Monsieur le Ministre et cher collègue,

Les épreuves qu'a traversées depuis douze ans l'industrie textile de notre principal établissement indien, n'ont pu certainement échapper à votre attention. Vous savez qu'à la suite du décret impérial du 24 décembre 1864, qui, supprimant la protection dont jouissaient les guinées de l'Inde à leur entrée au Sénégal, ouvrait l'accès de Saint-Louis aux tissus d'origine étrangère ; dans les mêmes conditions de tarif qu'aux tissus français, des réclamations instantes furent adressées au Gouvernement par la Chambre de commerce de Pondichéry, effrayée d'une mesure dans laquelle elle voyait la ruine prochaine d'une industrie intimement liée à la prospérité du pays lui-même. Malgré l'insuccès de cette démarche, le courage des établissements de Pondichéry n'a pas faibli ; multipliant leurs efforts, tantôt par le perfectionnement de leur outillage, tantôt par l'augmentation du nombre de leurs métiers, ils ont essayé de vaincre les obstacles créés par la législation nouvelle. Mais cette énergie n'a pu malheureusement que retarder la crise sans la conjurer, et la concurrence des guinées anglaises et belges, dont les types de poids inférieur ont bientôt, non sans bouleverser les conditions du commerce sur le fleuve, inondé le marché du Sénégal et contraint, au bout d'une résistance de dix ans, l'industrie française de l'Inde à cesser la lutte. Depuis l'an dernier, il est vrai, le régime provisoire des primes à la fabrication a permis de reprendre le travail ; mais si une modification dans la législation douanière du Sénégal ne vient pas donner aux filatures renaissantes une base sérieuse et une sécurité qui leur fait défaut, il n'est pas difficile de prévoir le moment où la dernière source de richesse de votre colonie se tarira et cette fois sans retour.

En face de cette situation dont j'ai cru devoir entretenir, l'an dernier, le Conseil supérieur du commerce, et que je soumets avec confiance à votre haute sollicitude, j'ai l'honneur de vous demander, Monsieur le Ministre, d'accord avec le Conseil colonial de l'Inde française et la Chambre de commerce de Pondichéry, de vouloir bien proposer à M. le Président de la République, la modification du décret de 1864, et la révision des tarifs douaniers du Sénégal. Cette révision n'aurait pas, du reste, pour conséquence, le retour à des principes contraires à ceux qui forment actuellement la base de votre politique économique, mais l'application au Sénégal, terre française, des garanties dont jouissent en France les tissus français. Ce résultat pratique serait simplement l'établissement à l'entrée de notre colonie africaine, de droits analogues à ceux qui frappent les tissus étrangers à leur entrée sur le territoire de la France elle-même, et la réforme d'un système qui, dans les conditions actuelles, constitue, à proprement parler, une protection en leur faveur. Cette mesure, Monsieur le Ministre, est la seule qui puisse retenir sur notre territoire une population ouvrière sollicitée par les établissements que les Anglais créent en ce moment, dans les provinces de l'industrie voisines des nôtres, et assurer en même temps l'équilibre d'un budget dont les revenus indirects sont un des chapitres les plus importants.

» Je ne crois pas trop m'avancer, d'ailleurs, en ajoutant qu'elle est conforme aux vœux de la plus grande partie du commerce du Sénégal, et que, rendant à notre marine marchande un fret qui depuis plusieurs années lui fait défaut, elle sera en outre accueillie avec gratitude par plusieurs centres manufacturiers de la France continentale,

» J'espère donc, Monsieur le Ministre et cher collègue, que vous voudrez bien prendre en mains les grands intérêts dont j'ai cru de mon devoir de me faire auprès de vous l'interprète. Ils ne sauraient avoir de meilleur défenseur, et ils vous devront, j'en ai la confiance, la réforme des tarifs dont nous sommes heureusement demeurés les maîtres, et dont le résultat désastreux pour une grande industrie, à la fois coloniale et française, est aujourd'hui un fait acquis.

» Comte Desbassyns de Richemont, Sénateur. »

Eh bien ! Messieurs, votre Commission le demande, si *nos établissements de l'Inde* avaient *besoin d'être protégés, était-ce à une autre colonie ?* Était-ce à notre pauvre Sénégal *qu'incombait la charge* de lui venir en aide ?

Privé de sa représentation au Parlemement, notre pays était livré sans défense, il fut sacrifié.

Pour combattre les efforts combinés du Directeur des colonies et du Sénateur de l'Inde, qui ne pouvait qu'appuyer de toute son énergie une mesure favorable au pays qui l'avait nommé, il n'eût fallu rien moins que l'influence d'un homme investi du mandat législatif pouvant parler au Ministère avec l'autorité qui s'attache à la qualité d'élu de la nation.

Et, pour donner la preuve que le Sénégal n'a été ainsi sacrifié que parce qu'il ne possédait pas de défenseur attitré auprès du pouvoir, il suffit de rappeler que le ministère du 16 Mai voulait appliquer également à la Réunion le décret protecteur des guinées de Pondichéry, et qu'il a suffi de l'intervention de ses mandataires, MM. Laserve et de Mahy, pour détourner le coup qu'on lui destinait.

C'était alors aux Sénégalais à prendre en main leur propre cause et à défaut de représentants officiels, à se défendre eux-mêmes.

Dès le mois de juillet 1875, les maisons de Bordeaux en relation avec le Sénégal, une seule exceptée (la maison Chaumel-Durin, actionnaire de la Société de Pondichéry et seule réceptionnaire de ses guinées), adressaient une lettre au Ministre de la marine pour repousser toute atteinte au régime de liberté commerciale établi dans la colonie.

Consultée sur le point de savoir si elle partageait l'avis de surimposer les guinées belges et anglaises au Sénégal, la Chambre de commerce de Bordeaux répondit qu'elle ne saurait admettre qu'on établît pour un article unique un régime particulier.

Le 11 mai 1877, nouvelle pétition des négociants sénégalais au Ministre de la marine, exprimant les craintes très vives que leur faisait concevoir un avis reçu de Saint-Louis, d'après lequel le Conseil privé du Sénégal aurait voté le principe d'une taxe différentielle sur les guinées étrangères pétition faisant ressortir le trouble profond qu'une semblable mesure jetterait dans le commerce local.

Enfin, le 6 juillet, dernière adresse insistant sur ce que l'acte projeté n'était justifié par aucune considération d'intérêt général et adjurant le Ministère de ne pas entrer dans la voie funeste où l'on voulait entraîner son département.

Quatorze jours après, paraissait au Journal officiel *le décret dont nous vous avons fait connaître les principales dispositions.*

Tel fut le compte tenu en haut lieu des observations réitérées des Sénégalais de la métropole.

En leur notifiant ce décret, le 26 juillet, le Ministre de la marine, forcé empêché d'en dire les raisons déterminantes, se retrancha derrière cette équivoque qu'il avait été rendu sur la demande de la colonie, allégation que vint contredire peu de temps après la pétition des commerçants du Sénégal, en date du 17 juillet 1877, et qui, malheureusement, arriva trop tard.

Ce document, sur lequel votre Commission *appelle l'attention* du Conseil et qui porte la signature de tous les patentés de Saint-Louis, hormis celle de M. G. Devès, correspondant au Sénégal de la maison Chaumel-Durin, seule réceptionnaire en France des guinées de la Société de Pondichéry, *signalait à* M. le Gouverneur la perturbation *qu'entraînerait l'établissement d'un droit protecteur de guinées de l'Inde, et lui demandait d'en instruire le département.*

Tout ce qu'il était en leur pouvoir de faire pour écarter le coup qui les atteints, les Sénégalais l'ont tenté.

Vaincus, malgré tous leurs efforts, ils ne perdirent pas courage, et après

avoir lutté pour prévenir l'adoption de cette mesure attentatoire aux inté-
rêts de la colonie, ils combattirent avec la même énergie et une égale persé-
vérance pour en obtenir l'abrogation.

Nous retrouvons, en effet, les commerçants du Sénégal s'adressant au
gouverneur, le 22 mai 1878, pour lui rappeler leur pétition du mois de
juillet, lui affirmer le trouble, d'ailleurs prévu et signalé d'avance, que le
bouleversement du régime des guinées avait jeté dans les transactions et le
prier d'intercéder auprès du nouveau titulaire du département de la marine
pour lui faire rapporter un décret qui n'avait profité, en somme, qu'à une
entreprise particulière, à la puissante Société de filature et tissage de Pon-
dichéry.

Aucune satisfaction ne fut donnée à la démarche des patentés de Saint-
Louis.

Le 29 mai, on revoit également les Sénégalais de la métropole écrivant à
l'honorable amiral Pothuau pour insister sur les considérations toutes
d'ordre privé qui avaient donné naissance au décret, en redire les inconvé-
nients reconnus et en demander une fois encore l'annulation.

Leur lettre demeura, comme celle de leurs collègues du Sénégal, sans
réponse.

Devant cette attitude, il ne restait aux Sénégalais qu'une suprême res-
source, celle à laquelle ils ont recouru, c'était d'en appeler aux représentants
du pays de l'injustice commise à leur égard, et dans une pétition, en date du
18 mars 1879, adressée au Sénat et à la Chambre des députés, ils remirent avec
confiance leur cause entre les mains de tous les élus de la nation.

Le Sénat renvoya la pétition à l'examen de sa troisième Commission,
et M. le sénateur Issartier, au nom de cette Commission, déposa le
rapport suivant :

RAPPORT

« Les négociants sénégalais de Bordeaux demandent l'abrogation
» du décret du 19 juillet 1877, qui a profondément troublé le régime
» économique du commerce du Sénégal.

» Ils ont en vain réclamé, à diverses reprises, contre ce décret, très-
» préjudiciable à leurs intérêts. On a fini par ne plus même leur
» répondre ; ils n'ont donc aujourd'hui d'autre ressource que de s'a-

» dresser à la représentation nationale pour exposer leurs griefs et
» obtenir la satisfaction qu'ils poursuivent depuis longtemps.

» Antérieurement au décret du 19 juillet 1877, le régime économi-
» que était différent dans les deux arrondissements du Sénégal. Dans
» le premier arrondissement, dont le chef-lieu est Saint-Louis, seul
» point accessible par le fleuve, toute la côte étant défendue par une
» triple ligne de brisants, toutes les marchandises importées, quelle
» que fut leur provenance, payaient un droit uniforme de 5 p. 100 *ad*
» *valorem*. Dans le deuxième arrondissement, où Gorée n'est qu'un
» entrepôt, et dont la côte est facilement accessible sur tous les points,
» la perception des droits d'entrée devant présenter des difficultés de
» toutes sortes, on avait remplacé ces droits d'entrée par un droit d'ex-
» portation qui, en définitive, les représentait exactement.

» La distance qui sépare Saint-Louis de Gorée ne permettait pas à la
» contrebande de profiter, au détriment de Saint-Louis, de l'entrée en
» franchise des marchandises importées à Gorée.

» Dans cette situation, acceptée sans réclamation par le commerce
» de tous pays, les guinées, pièces de coton bleu de 15 mètres, dont
» cent font la balle, qui vaut en moyenne 800 fr., étaient l'élément le
» plus important du commerce d'importation du Sénégal, qui exportait
» en échange des gommes et des arachides, et ces guinées provenaient,
» en proportions à peu près égales, de l'Inde, de la Belgique et de
» l'Angleterre.

» Il y a quelques années, la filature de Pondichéry, ayant besoin de
» renouveler son outillage avec tous les perfectionnements modernes,
» sollicita et obtint du Gouvernement une subvention annuelle de
» 100,000 fr., qui a été payée pendant plusieurs années. Plus tard, le
» Gouvernement se refusant à continuer cette subvention, les représen-
» tants de l'Inde demandèrent une protection en faveur des guinées de
» Pondichéry sur les marchés de la Réunion et du Sénégal. La Réu-
» nion, par l'opposition de ses représentants, put se défendre contre
» les projets de protection; mais le Sénégal n'avait pas de représen-
» tant, et il fut seul sacrifié.

» C'est alors, sous le ministère du 16 mai, que fut rendu le décret
» du 19 juillet 1877, préparé de longue main par M. Benoist d'Azy,

» qui devait se présenter au 14 octobre comme candidat à la députa-
» tion de Pondichéry. Ce décret impose à leur introduction à Saint-
» Louis, premier arrondissement du Sénégal, un surcroît de 1 fr. 20 c.
» par pièces, soit 120 fr. par balle sur toutes les guinées importées, à
» l'exception de celles de production française, c'est-à-dire celles fabri-
» quées et à Pondichéry, à Rouen. Mais Rouen ne pouvait profiter de la
» protection, car le décret stipulant que les guinées affranchies devaient
» peser au moins 1 kil. 800 gram. la pièce, et dans les conditions de la
» fabrication supérieure des guinées de Rouen, le prix de revient à ce
» poids dépassait le prix d'achat acceptable au Sénégal, de telle sorte
» que la protection se trouvait réservée exclusivement à Pondichéry,
» et en fait, malgré le décret protecteur, Rouen n'a pu envoyer une
» seule balle au Sénégal.

» Quant au résultat économique du décret, il est évident que ce dé-
» cret permet à Pondichéry de vendre ses produits 1 fr. 20 c. par pièce
» de plus qu'elle ne vaut en réalité, soit 120 fr. par balle, et comme
» il importe en moyenne environ 2,000 balles par an, c'est bien un
» impôt extraordinaire de 240,000 fr. que le commerce sénégalais subit
» au profit exclusif de Pondichéry.

» Pour le commerce sénégalais, le décret a déplacé immédiatement
» la vente des guinées qui, admises en franchise dans le deuxième
» arrondissement, ont dû refluer à Gorée avec une réduction de
» 1 fr. 80 c. par pièce, soit 180 fr. par balle, puisque, indépendam-
» ment de la surtaxe de 120 fr. imposée par le décret dont il était
» exonéré, il n'avait pas à payer les droits d'entrée de 5 p. 100, soit
» 60 fr. par balle.

» Cette situation, intolérable pour le commerce de Saint-Louis, a
» provoqué des plaintes énergiques qui ne pouvaient rester stériles.

» La solution simple et naturelle de ces difficultés était le retrait du
» décret perturbateur du 19 juillet 1877, mais le gouvernement crut
» pouvoir les résoudre par l'extension, au deuxième arrondissement,
» du décret protecteur. Alors parut le décret du 20 janvier 1879 qui,
» inspiré par le désir permanent de protéger Pondichéry, devait avoir
» pour résultat d'aggraver le mal qu'on espérait soulager, puisqu'il
» aura pour conséquence fatale de refouler vers les possessions an-

» glaises de la Gambie qui touchent le deuxième arrondissement, le
» commerce des guinées étrangères.

» Au point de vue économique général, le décret du 19 juillet 1877
» ne peut se justifier.

» 1° Si le décret avait eu pour but de protéger l'industrie nationale
» sur le marché du Sénégal, il aurait dû frapper, non pas une seule
» marchandise, les guinées, mais toutes les marchandises venant de
» l'étranger;

» 2° Si l'industrie de l'Inde française a besoin d'être protégée, le
» Sénégal ne doit pas seul supporter les conséquences de la protec-
» tion.

» En conséquence, la Commission est d'avis que le décret du
» 19 juillet 1877 doit être abrogé dans le plus bref délai possible, et,
» dans ce but, elle a l'honneur de proposer de renvoyer à M. le Ministre
» de la marine et des colonies la pétition des négociants sénégalais de
» Bordeaux. »

Messieurs, à tous ces documents dont je viens de vous donner connaissance, je vous demanderai l'autorisation de vous communiquer, à
simple titre de renseignement, un travail de notre député traitant la
question des guinées.

Avec l'assentiment du Conseil, M. Martin donne lecture du travail
de M. Gasconi et termine ensuite son rapport :

S'imprégnant de toutes les considérations dont il vient d'être donné
lecture, votre Commission, Messieurs, est d'avis que le décret du
19 juillet doit être abrogé dans le plus bref délai.

M. DE BOURMEISTER. — Du travail du député de la colonie dont je
viens d'entendre la lecture, j'ai retenu le passage suivant : « Que la
question n'est pas assez étudiée, etc., etc. » Craignons, Messieurs, si
nous nous hâtons de donner notre avis sur cette bien grave question,
qu'on ne nous adresse le même reproche.

Ce ne sont pas les rapports, lettres, dépêches, etc., déposés depuis
vingt-quatre heures et que l'on a lu à la hâte, qui ont pu nous former
une opinion. Il faut, pour une semblable affaire, plus de temps, plus
de réflexion. Pour ma part, je me déclare n'être pas assez édifié sur la

question qui est peut-être la plus capitale de celles que nous aurons à traiter pendant notre session.

Je n'ai pas d'idée arrêtée, peut-être en est-il dont l'opinion est déjà formée, ayant étudié depuis longtemps cette question, mais non moi, et je crois, sans mettre en doute les aptitudes de mes collègues, qu'il en est beaucoup qui sont dans mon cas.

Je crois qu'il convient que l'affaire soit renvoyée, si non à une autre session, au moins à la fin de celle-ci, et je demande que les rapports, lettres, dépêches, etc., soient imprimés et distribués pour nous permettre d'étudier, sérieusement et en toute connaissance de cause, cette affaire. Si nous devons voter séance tenante, je m'abstiendrai, car je croirais forfaire à ma conscience et au mandat qui m'a été confié en votant sans être mieux éclairé.

M. MARTIN demande qu'il soit procédé au vote, et il ajoute que le Conseil est dans son droit, le dépôt des pièces ayant été fait depuis plus de vingt-quatre heures.

M. DE BOURMEISTER fait observer que ce délai est insuffisant pour l'étude d'une pareille question; que, de plus, le dossier n'est pas complet, puisqu'il a été donné lecture de pièces qui n'y étaient pas jointes, et dont certainement, sans crainte de porter un jugement téméraire, on peut dire que la production aura une influence sur le vote. En demandant l'impression de toutes les pièces, dit-il, j'use d'un droit, c'est pour mieux m'éclairer; l'opinion des autres est peut-être faite, la mienne est encore à faire.

La proposition de M. de Bourmeister, d'ajourner la question et de faire imprimer les rapports, etc., est repoussée à la majorité de 10 voix contre 5.

M. TÉTREL, *chef du service des douanes.* — Des nombreux documents que vient de lire l'honorable rapporteur, surgissent quatre arguments que je formule ci-après, et dont je démontrerai au Conseil l'inexactitude.

Les voici :

1° Le Sénégal a été sacrifié par la Direction des colonies parce qu'il n'avait pas de représentant;

2° Le Sénégal subit, au profit de l'industrie caduque de Pondichéry, un impôt annuel de 240,000 fr.;

3° Le commerce de la guinée se déplacera et passera en Gambie où les Maures iront la chercher;

4° Les droits établis par le décret du 19 juillet 1877, ne peuvent être justifiés au point de vue économique.

Je réponds à la première et à la deuxième objections. Loin d'être sacrifiés par la Direction des colonies, les intérêts du Sénégal ont été sauvegardés par elle.

Pourquoi comparer ce qui s'est fait à la Réunion avec ce que l'on demande pour le Sénégal?

Au point de vue géographique, commercial et social, il n'y a aucun rapprochement à faire entre ces deux colonies.

A la Réunion, le Créole de toute condition consomme de la guinée, et toute guinée importée est employée dans l'île. Au Sénégal, la guinée transite vers les pays Maures, et ce sont des tribus hostiles, ennemies mêmes, qui emploient exclusivement ce genre de tissus. Est-il donc de si mauvaise administration de lever sur des peuplades pillardes un impôt de 240,000 fr. au profit de la population du littoral, la seule que l'on puisse dire française.

En faisant ce qu'ils ont fait, en détournant de leurs concitoyens un impôt toujours mal venu, les députés de la Réunion ont bien fait, je les approuve; mais, si par un esprit d'imitation poussée à l'extrême, le député du Sénégal en eût fait autant, il eût fait de mauvaise besogne, et travaillé au profit des Maures contre ses propres électeurs. S'il y a impôt de 240,000 fr. au profit de Pondichéry, c'est le Sénégal qui l'encaisse et le garde, c'est le Maure, l'Anglais et le Belge qui le paient.

La troisième objection consiste à dire :

Le commerce de la guinée passera en Gambie où les Maures iront la prendre.

De Saint-Louis en Gambie, il y a, carte en mains, 100 lieues de route directe, au moins 125 lieues de chemin à faire à cause des marigots non guéables qu'il faut contourner; soit à l'aller et au retour, 250 lieues.

Or, pour faire ce trajet, la location d'un chameau porteur d'une balle de 200 kilog. sera au moins de 160 fr.; le droit sur la guinée anglaise est de 180 fr.; où sera le bénéfice?

Si l'on a pu en 1878 faire la contrebande de Rufisque sur Saint-Louis, c'est que la distance n'est que de 50 lieues de route, qu'un chameau se louait 80 fr., et qu'ainsi les introducteurs de guinée par la voie du Cayor réalisaient 100 fr. de bénéfice par balle. Mais on ne peut comparer le Cayor au pays des Serrères pour la sécurité. Les Maures sont trop fins pour s'aventurer pour un très-mince bénéfice dans un pays de pillards comme celui des Serrères où, s'ils n'étaient pas dévalisés en grand, ils auraient au moins à payer un droit de 10 p. 100 en nature sur leurs marchandises.

La dernière objection est que le droit de 1 fr. 80 c. par pièce de guinée étrangère est injustifiable au point de vue économique.

Assertion fausse.

Le tarif conventionnel en main (et c'est là l'expression, le résumé des idées économiques du jour), je vois que la guinée anglaise ou belge de 1 kilog. 800 gr., imposée à 75 fr. les 100 kilog., paierait en France par pièce. . . . . F. 1 35

Un droit (que j'appellerai intérieur) de 60 centimes, étant frappé par pièce de guinée française ou franco-indienne, il y a lieu, pour maintenir le rapport fixé par le tarif français, d'augmenter la guinée étrangère d'une surtaxe compensatrice pareille, c'est ce qui a été fait.. . . . . .F. » 60

On eût pu exiger . . . . .F. 1 95

Le décret n'a demandé qu'un droit de. 1 80

En moins par pièce. . . .F. » 15

Le droit de 1 fr. 80 c. est donc justifié au point de vue économique.

Vous émettrez, Messieurs, le vœu qui vous plaira. Vous fixerez un droit unique, et l'industrie franco-indienne périra, les guinées anglaises et belges régneront en maîtresses sur le marché sénégalais, et

Manchester et Gand s'en frotteront les mains. Où trouverez-vous de recettes pour équilibrer votre budget? sur les articles de consommation des Européens. Tous ces articles sont assez lourdement imposés. Je conclus donc au maintien du régime actuel.

M. Béziat. — Depuis longtemps, les esprits se préoccupent de cett question, et notre opinion, sans être préconçue, peut être maintenar faite, quoi qu'en dise M. de Bourmeister, par ce que nous avons étu dié nous-mêmes et par ce que nous venons d'entendre. Les conclusion du rapport de la Commission me semblent devoir être adoptées; l Commission n'a pas eu en vue un intérêt égoïste qui peut sacrifier le ressources du budget et en détruire l'équilibre; si elle demande l'abr gation du décret du 19 juillet 1877, il rentre assurément dans sa per sée de voter la création d'autres droits en compensation.

Qui d'entre nous n'a pas vu la perturbation que les guinées de l'Ind apportaient dans le commerce? Nous savons tous qu'elles ne se ven dent qu'après que le mandataire de la maison, qui détient la guiné de l'Inde, en a été abondamment pourvu, que par 100 balles et courte échéance. Or, qui peut les acheter sans se gêner énormément quelquefois compromettre ses affaires? Les grandes maisons seule peuvent s'en approvisionner.

Je demande que le décret du 29 juillet soit abrogé; il est vexatoir et contraire à la liberté commerciale : le commerce, qu'on le sach bien, ne refuse pas de payer, mais il désire que les charges soier également réparties.

M. de Bourmeister. — Je demande la parole pour une questio personnelle.

M. le Président. — La parole est à M. de Bourmeister.

M. de Bourmeister. — M. Béziat rappelle que j'ai avancé que l'opi nion du Conseil pouvait être faite, mais ai-je eu tort de le dire? L résultat du vote qui a eu lieu sur ma proposition me dispense d répondre. Il confirme, je crois, suffisamment mon assertion. Mais, son tour, M. Béziat vient de dire que le commerce ne se refusait pa de payer, et qu'il y aurait lieu de voter des droits en compensation d ceux qu'on voulait abroger. Nous nous trouvons donc maintenant en face d'une nouvelle proposition qui va vous faire donner un avis qui a besoin d'être mûri, car nous ne pouvons proposer quelque chose en l'air et qui pourrait compromettre le budget.

M. Martin répond que le Conseil n'a pas à se préoccuper de la question des droits à créer en remplacement des droits sur les guinées; que la dépêche ministérielle, qui demande l'avis du Conseil général sur cette affaire, est muette à cet égard.

M. de Bourmeister. — Je crois que la question posée par le ministère entraîne forcément une autre réponse que celle que veut faire l'honorable Martin. Je crains que la Commission n'ait traité la question dans des limites trop étroites, et que, mettant de côté la question de principe, elle ne se soit laissée entraîner par des considérations qui me font appréhender de m'enrôler sous une même bannière.

M. Delor. — Je répondrai à M. de Bourmeister que nous arrivons sans aucun parti pris; nous avons depuis longtemps étudié cette question importante, et il est certainement regrettable qu'une partie de l'assemblée n'ait eu le temps de l'approfondir; je déclare que nous ne semmes enrôlés sous aucune bannière, et que nous émettons nos opinions et nos votes avec âme et conscience.

M. de Bourmeister. — M. Delor a pris pour lui ce qui m'était personnel. Permettez-moi de dire que je trouve surprenant, même dur, qu'une majorité écrase une minorité qui, en somme, ne demande qu'à s'éclairer sur une grave question.

M. Molinet. — Si nous devions écouter les protestations de la minorité, il n'y aurait jamais de vote; dans toute réunion parlementaire, il y a une majorité et une minorité : c'est à cette dernière à s'incliner devant les décisions de la première.

Pour nous la question est assez étudiée; je demande qu'on passe aux voix.

M. de Bourmeister. — Ce qu'il y a de mauvais, ce n'est pas de faire

3

partie de la minorité ; c'est l'attitude de la majorité qui, sûre de s
succès, refuse aux autres les moyens d'y voir clair.

M. DE MONTFORT.— Les conclusions du rapport tendent à l'abrog
tion du décret sur les guinées, mais la Commission n'aurait pas
s'en tenir à ce simple avis ; elle eût sagement fait de demander,
confier à l'Administration le soin de préparer un travail en vue de
création de nouveaux droits égaux à ceux que produisaient les guiné

En principe, nous ne devons voter que sur le maintien ou l'abrog
tion du décret du 19 juillet 1877 ; mais, je le répète, il eût été bon d'
voir quelque chose à proposer pour mettre en place au cas où no
voterions la suppression des droits sur les guinées.

Après nous être élevés récemment, comme nous l'avons fait, sur
monopole et les priviléges, il me paraît difficile que nous votions
faveur du maintien de ce décret qui a été pris par mesure de prote
tion et qui, au Sénégal, bénéficie à un seul au détriment de tout
commerce en général.

Si les conclusions du rapporteur trouvent des partisans, ce n'e
pas dans d'intérêt des Maures, comme le fait supposer M. le Ch
du service des douanes, c'est que la mesure qu'il propose est jus
et que les droits différentiels sur les guinées étant maintenus, le fl
pourrait bien s'exposer à des mécomptes à cause de la contreban
à laquelle les Maures et autres, quoi qu'en dise M. Tétrel, se livr
raient.

La contrebande avec la configuration et l'étendue de notre littor
peut se faire sur une vaste échelle, malgré la vigilance de l'Admini
tration et une armée de douaniers. Il est donc préférable de supprim
ce décret qui, par son traitement inégal, soulève la réprobation géné
rale et peut pousser bien des gens à se livrer à des manœuvres frau
duleuses.

Nous savons que si l'on ne crée pas de nouveaux droits, le régim
économique de la colonie peut être compromis. Eh bien ! Messieur
donnons sans hésitation à la douane l'équivalent de ce qu'elle perdr
mais plus de protection, plus d'impôts différentiels dont ni la coloni
ni la métropole ne profitent.

M. D'ERNEVILLE. — Pourquoi provoquer l'établissement de nouveaux droits, on ne nous le demande pas; il s'agit de donner un avis sur le maintient ou le retrait du décret sur les guinées, je ne vois pas pourquoi nous sortirions du cadre qui nous est tracé.

M. BÉZIAT. — Je partage la manière de voir de M. d'Erneville. C'est l'Administration qui nous a proposé de nous prononcer sur la question; ce sera à elle, si nous votons l'abrogation, d'examiner par quoi elle doit remplacer le déficit qui résultera du retrait du décret de 1877.

M. LE PRÉSIDENT donne lecture d'un amendement présenté par M. de Montfort, ainsi conçu :

En principe, le Conseil est d'avis d'abroger le décret sur les guinées;

Mais afin de compenser le déficit produit par la suppression du droit différentiel, invite l'Administration à répartir entre toutes les guinées, par un droit égal et unique, la somme à procurer au budget et, s'il est possible, présenter le projet de répartition avant la fin de la session.

Ch. DE MONTFORT.

M. DE BOURMEISTER. — Je suis heureux d'entendre cet amendement qui vient combler la lacune du rapport de la Commission. En saisissant l'Administration de la question, elle pourra s'en occuper de suite et nous fournir un travail à bref délai.

M. MARTIN. — Nous ne pouvons pas demander à l'Administration un travail sans savoir si le ministre accueillera l'avis que nous allons émettre.

M. DE BOURMEISTER. — Tout à l'heure, cependant, un membre du Conseil a dit que la Commission devait avoir des propositions à faire à l'Administration pour remplacer ce qui sera détruit, car il me paraît acquis maintenant que le Conseil votera l'abrogation du décret. Où sont ces propositions? Et si elles n'existent pas, appuyons alors l'amendement de M. de Montfort, auquel je me rallie, parce qu'en modifiant les conclusions du rapport, il ne laisse plus les finances de la

colonie à la merci d'un oubli ou d'une erreur. En effet, en ne propo
sant rien en remplacement des droits que le Trésor va perdre pa
suite de la suppression du décret de 1877, vous vous exposez à ce qu
le ministère approuve purement et simplement l'abrogation du décr
sans créer à la place de nouveaux droits, ou laisser pendant plusieur
mois la colonie avec une branche de revenu bien amoindrie.

L'amendement présenté a l'immense avantage de nous rassurer su
la situation financière du pays, et rassurera surtout ceux qui ont assist
aux délibérations où nous avons voté de fortes dépenses. Ils ne seron
plus à se demander avec quoi l'Administration les acquittéra.

M. Delor. — Si, pour rassurer quelques-uns de nos collègues, il n
faut que voter l'amendement, je propose de le voter, mais on pourrai
avant le modifier. Au lieu de désigner spécialement les guinées, j
préférerai laisser à l'Administration le soin de choisir le genre d
droit qui doit être établi.

M. Tétrel, *chef du service des douanes*, fait observer qu'il est pré
férable d'imposer cet article et que, pour équilibrer le budget de l
douane, il faut, avec un droit uniforme, demander 1 fr. 40 c. pa
pièce de guinée pour ne pas troubler profondément l'économie budgé
taire.

Pourquoi, dit M. Sicamois, imposer d'une façon si lourde le
guinées ?

M. le Chef du service des douanes répond : C'est que les guinée
sont surtout un article de traite, que ces sortes d'articles paient 10 e
15 p. 100 ; il lui semble juste de demander aux populations hostiles d
haut Sénégal, aux Maures nos ennemis, le tiers des recettes de l
douane, quand le véritable sénégalais français en paie les deu
tiers.

M. Cros demande qu'on vote sur l'amendement.

M. Béziat expose que bien que reconnaissant que l'on doit frappe
de nouveaux droits, il ne lui paraît pas utile que l'on atteigne spécia
lement les guinées.

M. DE MONTFORT se range à l'avis de M. Béziat, retire son amendement et en présente un deuxième dans ces termes :

En principe, le Conseil est d'avis d'abroger le décret sur les guinées.

Mais afin de compenser le déficit produit par la suppression du droit différentiel, est d'avis que l'Administration répartisse entre toutes les marchandises importées, par un droit égal et unique, la somme à procurer au budget, et, s'il est possible, présenter le projet de répartition avant la fin de la session.

Ch. DE MONTFORT.

M. le Président met aux voix ce deuxième amendement, qui est adopté à l'unanimité.

Le Conseil, consulté sur les conclusions du rapport sur le régime des guinées, modifiées dans le sens de l'amendement ci-dessus, les adopte à l'unanimité.

9 782013 431873